E KOA
HAWAIIAN
MARCY SCHAAF
Like me
KAISA
AF350841

BEE BRAVE
MARCY SCHAAF
Like
KAISA

DEDICATION:

TO KAISA MORGAN

OF MALAMA-KI HONEY BEES IN PAHOA, HAWAII,

THIS BOOK IS DEDICATED TO YOU, OUR FEARLESS FRIEND AND DEVOTED BEEKEEPER. YOUR PASSION FOR BEES AND UNWAVERING DEDICATION TO THEIR WELL-BEING INSPIRE US EVERY DAY. MAY YOUR LOVE FOR NATURE AND ALL ITS CREATURES CONTINUE TO SHINE BRIGHTLY, JUST LIKE THE GOLDEN HONEY YOUR BEES PRODUCE.

WITH GRATITUDE AND ADMIRATION,
MARCY SCHAAF
BOOKS BY SCHAAF

BEE SERIES BOOK 1

COPYWRITE [AT] 2024 MARCY SCHAAF
BE BRAVE LIKE KAISA

INTRODUCTION:

WELCOME, CURIOUS READERS, TO THE ENCHANTING WORLD OF KAISA THE BEEKEEPER! IN THIS DELIGHTFUL TALE, WE EMBARK ON A JOURNEY TO THE LUSH LANDSCAPES OF PAHOA, HAWAII, WHERE ONE REMARKABLE GIRL SHOWS US THAT WITH COURAGE AND DETERMINATION, ANYONE CAN PURSUE THEIR DREAMS – EVEN IF THOSE DREAMS INVOLVE BUZZING BEES AND SWEET HONEY.

THROUGH THE PAGES OF THIS BOOK, WE'LL JOIN KAISA AS SHE TENDS TO HER BELOVED HIVES, LEARNING IMPORTANT LESSONS ABOUT TEAMWORK, THE WONDERS OF NATURE, AND THE INCREDIBLE BOND BETWEEN HUMANS AND BEES. ALONG THE WAY, WE'LL DISCOVER THE VITAL ROLE BEES PLAY IN OUR FOOD SUPPLY, THE FASCINATING DYNAMICS OF A BEE COLONY, AND THE HEARTWARMING WAYS THESE TINY CREATURES CAN LEND A HELPING WING WHEN WE NEED IT MOST.

SO, DEAR READERS, PREPARE TO BE SWEPT AWAY BY THE MAGIC OF KAISA'S WORLD, WHERE EVERY FLOWER HOLDS A SECRET, EVERY BEE HAS A STORY, AND EVERY STING IS A GENTLE REMINDER OF THE POWER OF FRIENDSHIP AND HEALING. LET'S OPEN OUR HEARTS AND MINDS TO THE BUZZING ADVENTURES THAT AWAIT US IN THE PAGES AHEAD. ARE YOU READY? LET'S DIVE IN AND EXPLORE THE BUZZING WONDERS OF KAISA THE BEEKEEPER!

HOʻOLAUNA:

WELINA MAI, E KA POʻE HELUHELU HOIHOI, I KE AO HOʻOHIWAHIWA O KAISA THE BEEKEEPER! MA KēIA MOʻOLELO LEʻALEʻA, HOʻOMAKA MāKOU I KAHI HUAKAʻI I KA ʻāINA ULU O PAHOA, HAWAIʻI, KAHI I HōʻIKE MAI AI KEKAHI KAIKAMAHINE KUPAIANAHA Iā MāKOU ME KA WIWO ʻOLE A ME KA MANAʻO PAʻA, HIKI I KEKAHI KE ALUALU I Kā LāKOU MAU MOEʻUHANE – ʻOIAI ʻO IA MAU MOEʻUHANE E PILI ANA I KA PI A ME KA MELI MOMONA.

MA O Nā ʻAOʻAO O KēIA PUKE, E HUI Pū MāKOU ME KAISA I Kā NA MāLAMA ʻANA I KāNA MAU HIVES ALOHA, E AʻO ANA I Nā HAʻAWINA KOʻIKOʻI E PILI ANA I KA HANA HUI, Nā MEA KUPANAHA O KE ʻANO, A ME KA PILINA KUPAIANAHA MA WAENA O KE KANAKA A ME KA PI. MA KE ALA, E ʻIKE MāKOU I KA HANA KOʻIKOʻI O KA NALO I Kā MāKOU LAKO MEAʻAI, KE ʻANO HOIHOI O KAHI KOLONI NALO, A ME Nā ALA ʻOLUʻOLU E HIKI AI I KēIA MAU MEA LIʻILIʻI KE HāʻAWI I KAHI ʻēHEU KōKUA I KA Wā E PONO AI MāKOU.

NO LAILA, E Nā MAKAMAKA HELUHELU, E HOʻOMāKAUKAU ʻIA E KAʻI ʻIA E KA MANA KILOKILO O KO KAISA HONUA, KAHI E PAʻA AI KēLā ME KēIA PUA I KAHI HUNA, HE MOʻOLELO KO KēLā ME KēIA NALO, A ʻO KēLā ME KēIA MAʻA HE MEA HOʻOMANAʻO MāLIE I KA MANA O KA PILINA A ME KA HOʻōLA. E WEHE KāKOU I KO KāKOU NAʻAU A ME KA NOʻONOʻO I Nā HANA HOʻOHIWAHIWA E KALI NEI Iā KāKOU MA Nā ʻAOʻAO MA MUA. MāKAUKAU PAHA ʻOE? E LUʻU KāKOU A E ʻIMI I Nā MEA KUPANAHA O KAISA KA BEEKEEPER!

MEET KAISA,
THE FEARLESS BEEKEEPER OF
PAHOA, HAWAII!

E HUI ME KAISA,
KA MALAMA NALO MAKAU OLE O
PAHOA, HAWAII!

KAISA LOVED BEES. SHE WORE A
WIDE-BRIMMED HAT AND A GENTLE
SMILE AS SHE TENDED TO HER HIVES.

UA ALOHA ʻO KAISA I NĀ PI. UA ʻAʻAHU ʻO IA I KAHI PĀPALE ĀKEA ĀKEA A ME KA MINOʻAKA MĀLIE I KONA MĀLAMA ʻANA I KĀNA MAU HIVES.

SOME PEOPLE SAID, "BEEKEEPING IS FOR BOYS."
BUT KAISA KNEW BETTER.

WAHI A KEKAHI PO'E, "NO NĀ KEIKIKĀNE KA
MĀLAMA PIPI." AKĀ 'OI AKU KA 'IKE O KAISA.

SHE'D WHISPER TO HER BUZZING
FRIENDS, "GIRLS CAN DO ANY JOB
THEY DREAM!"

HĀWANAWANA ʻO IA I KĀNA MAU HOA KANI, "HIKI I NĀ KAIKAMAHINE KE HANA I NĀ HANA A LĀKOU E MOEʻUHANE NEI!"

WITH DETERMINATION IN HER HEART, KAISA SHOWED
THE WORLD THAT BEEKEEPING WAS HER PASSION.

ME KA MANAʻO PAʻA I LOKO O KONA PUʻUWAI, UA
HŌʻIKE ʻO KAISA I KE AO NEI ʻO KONA MAKEMAKE NUI I
KA MĀLAMA PIPI.

IN HER GARDEN, FLOWERS DANCED HAPPILY,
THANKS TO HER BUSY BEE FRIENDS.

I LOKO O KĀNA KĪHĀPAI, HULA HAUʻOLI NĀ PUA,
MAHALO I KĀNA MAU HOA PILI PILI.

BEES ARE LIKE NATURE'S SUPERHEROES, ESSENTIAL FOR OUR FOOD TO GROW BIG AND STRONG.

UA LIKE KA NALO ME NĀ SUPERHERO O KE ʻANO, PONO NO KĀ MĀKOU MEAʻAI E ULU NUI A IKAIKA.

THEY FLY FROM FLOWER TO FLOWER,
SPREADING POLLEN, SO FRUITS AND VEGGIES
CAN BLOSSOM.

LELE LĀKOU MAI KEKAHI PUA A I KEKAHI PUA, E HOHOLA ANA I KA POLLEN, NO LAILA E PUA NĀ HUA'AI A ME NĀ MEA KANU.

IN THE HIVE, EACH BEE HAS A SPECIAL ROLE: THE QUEEN, THE NURSE, THE GUARD, AND MORE.

I LOKO O KA HIVE, HE KULEANA KO KĒLĀ ME KĒIA PĪ: KE ALI'I WAHINE, KE KAHU HĀNAI, KE KIA'I, A ME NĀ MEA HOU AKU.

THE QUEEN LAYS EGGS, THE NURSE
CARES FOR BABIES, AND THE GUARD
PROTECTS THE HIVE.

HĀPAI KE ALIʻI WAHINE I NĀ HUA,
MĀLAMA KE KAHU I NĀ PĒPĒ, A
MĀLAMA KE KIAʻI I KA HIVE.

SOME BEES ARE BUILDERS, CRAFTING INTRICATE HONEYCOMBS WITH MATHEMATICAL PRECISION.

HE POʻE KŪKULU HALE KEKAHI MAU NALO, E HANA ANA I NĀ WAIHONA MELI PAʻAKIKĪ ME KA POLOLEI MAKEMAKIKA.

TOGETHER, THEY CREATE A BUZZING SYMPHONY OF TEAMWORK
ENSURING THE SURVIVAL OF THEIR COLONY.

HOʻOHUI PŪ LĀKOU I KAHI SYMPHONY PUʻUPUʻU O KA HANA HUI
HŌʻOIA I KE OLA O KO LĀKOU KOLONE.

JUST LIKE IN THE HIVE, EVERY
PERSON HAS UNIQUE TALENTS.
THEY MAKE THE WORLD A BETTER
PLACE, TOO.

SO LET'S CELEBRATE OUR DIFFERENCES
AND WORK TOGETHER, JUST LIKE THE
BEES!

E LIKE ME KA HIVE, LOA'A I KĒLĀ
ME KĒIA KANAKA NĀ TALENA
KŪ'OKO'A. HANA LĀKOU I KA
HONUA I WAHI 'OI AKU KA MAIKA'I.

WITHOUT BEES, OUR PLATES
WOULD BE EMPTY, AND OUR
WORLD A LITTLE LESS SWEET.

ME KA PIʻI ʻOLE, NELE KĀ MĀKOU
MAU PAPA, A EMI IKI KO MĀKOU
HONUA.

SO LET'S GIVE A CHEER FOR OUR
TINY, BUZZING FRIENDS WHO
KEEP OUR FOOD SUPPLY
THRIVING!

NO LAILA, E HĀʻAWI HAUʻOLI
KĀKOU I KO KĀKOU MAU HOA
LIʻILIʻI E HOʻOMAU MAU NEI I KA ʻAI!

ARE YOU AFRAID OF BEES?

MAKAʻU ʻOE I KA NALO?

ONE DAY, KAISA ACCIDENTALLY TRIPPED OVER A ROCK AND SCRAPED HER KNEE.

I KEKAHI LĀ, UA HĀ'ULE 'O KAISA MA LUNA O
KA PŌHAKU A 'OKI I KONA KULI.

BUT BEFORE SHE COULD EVEN BLINK, HER
LOYAL BEES FLEW TO HER RESCUE.

AKĀ, MA MUA O KA HIKI ʻANA IĀ IA KE ʻAPO,
LELE MAILA KĀNA NALO KŪPAʻA E
HOʻOPAKELE IĀ IA.

WITH GENTLE PRECISION, THEY LANDED
ON HER WOUND, GIVING HER TINY
STINGS FILLED WITH HEALING MEDICINE.

ME KA POLOLEI MĀLIE, KAU LĀKOU MA LUNA O KONA 'EHA, HĀ'AWI IĀ IA I NĀ 'UALA LI'ILI'I I HO'OPIHA 'IA I KA LĀ'AU LAPA'AU.

AS THE PAIN MELTED AWAY,
KAISA SMILED, KNOWING HER BEE
FRIENDS HAD HER BACK.

I KA PAU ʻANA O KA ʻEHA, UA ʻAKAʻAKA ʻO
KAISA, ME KA ʻIKE ʻANA UA HOʻI HOPE
KONA MAU HOA NALO.

YOU SEE, BEES AREN'T JUST ABOUT HONEY –
THEY'RE NATURE'S NURSES, TOO!

'IKE 'OE, 'A'OLE PILI WALE KA NALO I KA MELI -
HE MAU KAHU HĀNAI NŌ HO'I LĀKOU!

SO NEXT TIME YOU SEE A BEE BUZZING BY,

REMEMBER, THEY'RE HERE TO HELP, NOT TO HARM.

E HO'OMANA'O, AIA LĀKOU MA 'ANE'I E KŌKUA, 'A'OLE E HŌ'INO.

WITH A GRATEFUL HEART, KAISA THANKED
HER BUZZING BUDDIES FOR THEIR
KINDNESS.

ME KA PUʻUWAI MAHALO, UA HOʻOMAIKAʻI ʻO KAISA I KĀNA MAU HOA KANIKAU NO KO LĀKOU LOKOMAIKAʻI.

AS THE SUN DIPPED LOW, KAISA SAT BY HER HIVES, LISTENING
TO THE GENTLE HUM OF HER FUZZY FRIENDS.

I KA HĀʻULE ʻANA O KA LĀ, NOHO IHOLA ʻO KAISA MA KAHI O KONA MAU HIʻI, E HOʻOLOHE ANA I KA HAʻALULU ʻOLUʻOLU O KĀNA MAU HOAALOHA.

REMEMBER, NO JOB IS OFF-LIMITS TO YOU, WHETHER IT'S BEEKEEPING OR REACHING FOR THE STARS!

E HOʻOMANAʻO, ʻAʻOHE HANA I KAUPALENA ʻIA IĀ ʻOE, INĀ ʻO KA MĀLAMA PIPI A I ʻOLE KE KIʻI ʻANA I NĀ HŌKŪ!

MAHALO, MY DEAR FRIENDS.
THE END

MAHALO E NA MAKAMAKA.
KA HOPENA

IF YOU'RE EVER ON THE BIG ISLAND OF HAWAII STOP BY THE MAKU'U FARMERS MARKET ON SUNDAY AND MEET KAISA!

HONEY

THE REAL KAISA MORGAN
MALAMA-KI HONEY BEES

PROJECT: DIY BEESWAX FOOD WRAPS

MATERIALS NEEDED:
- COTTON FABRIC (PREFERABLY LIGHTWEIGHT AND BREATHABLE)
- BEESWAX PELLETS OR GRATED BEESWAX
- PINE RESIN (OPTIONAL, FOR ADDED STICKINESS)
- JOJOBA OIL OR COCONUT OIL (OPTIONAL, FOR FLEXIBILITY)
- PARCHMENT PAPER
- BAKING SHEET
- CLOTHESLINE OR DRYING RACK

INSTRUCTIONS:
1. START BY CUTTING YOUR COTTON FABRIC INTO SQUARES OR RECTANGLES OF VARIOUS SIZES, DEPENDING ON YOUR PREFERENCE AND THE CONTAINERS YOU PLAN TO COVER.

2. PREHEAT YOUR OVEN TO 200°F (93°C) AND LINE A BAKING SHEET WITH PARCHMENT PAPER.

3. PLACE ONE PIECE OF FABRIC ON THE PARCHMENT PAPER-LINED BAKING SHEET.

4. SPRINKLE A GENEROUS AMOUNT OF BEESWAX PELLETS OR GRATED BEESWAX EVENLY OVER THE FABRIC. IF DESIRED, YOU CAN ALSO ADD A SMALL AMOUNT OF PINE RESIN FOR EXTRA STICKINESS AND JOJOBA OIL OR COCONUT OIL FOR FLEXIBILITY.

5. PLACE ANOTHER PIECE OF PARCHMENT PAPER ON TOP OF THE FABRIC AND BEESWAX TO CREATE A SANDWICH.

6. PLACE THE BAKING SHEET IN THE PREHEATED OVEN AND ALLOW THE BEESWAX TO MELT ONTO THE FABRIC. THIS SHOULD TAKE ABOUT 5-10 MINUTES, DEPENDING ON THE THICKNESS OF THE FABRIC AND THE AMOUNT OF BEESWAX USED.

7. CAREFULLY REMOVE THE BAKING SHEET FROM THE OVEN ONCE THE BEESWAX HAS MELTED COMPLETELY. USE A PAINTBRUSH OR SPATULA TO SPREAD THE MELTED BEESWAX EVENLY OVER THE FABRIC, ENSURING THAT EVERY INCH IS COVERED.

8. LIFT THE TOP LAYER OF PARCHMENT PAPER AND CHECK IF THERE ARE ANY DRY SPOTS ON THE FABRIC. IF SO, SPRINKLE A LITTLE MORE BEESWAX OVER THOSE AREAS AND RETURN THE BAKING SHEET TO THE OVEN FOR A FEW MORE MINUTES UNTIL FULLY MELTED.

9. ONCE THE FABRIC IS EVENLY COATED WITH BEESWAX, CAREFULLY LIFT IT OFF THE PARCHMENT PAPER AND HANG IT ON A CLOTHESLINE OR DRYING RACK TO COOL AND HARDEN.

10. REPEAT THE PROCESS WITH THE REMAINING PIECES OF FABRIC UNTIL YOU'VE MADE AS MANY BEESWAX WRAPS AS YOU LIKE.

11. ONCE COOLED AND HARDENED, YOUR DIY BEESWAX FOOD WRAPS ARE READY TO USE! SIMPLY USE THE WARMTH OF YOUR HANDS TO MOLD THE WRAPS AROUND FOOD CONTAINERS, BOWLS, OR DIRECTLY OVER FOOD ITEMS TO CREATE A SEAL. THE BEESWAX WILL STICK TO ITSELF AND HOLD ITS SHAPE, CREATING A NATURAL ALTERNATIVE TO PLASTIC WRAP THAT'S REUSABLE AND ECO-FRIENDLY.

ENJOY USING YOUR HOMEMADE BEESWAX WRAPS TO KEEP YOUR FOOD FRESH AND REDUCE YOUR PLASTIC WASTE!

PAPAHANA: DIY BEESWAX FOOD WRAPS

MEA PONO:
- KA LOLE PULUPULU ('OI AKU KA MĀMĀ A ME KA HANU)
- 'O NĀ PELLETS LI'ILI'I A I 'OLE NĀ PILI LI'ILI'I
- PINE RESIN (KE KOHO, NO KA HO'OHUI 'ANA)
- 'O KA AILA JOJOBA A I 'OLE KA AILA NIU (KOHO, NO KA MA'ALAHI)
- PEPA PEPA
- PEPA PALAOA
- NĀ LOLE LOLE A I 'OLE LĀ'AU MALO'O

NĀ KUHIKUHI:
1. E HO'OMAKA MA KA 'OKI'OKI 'ANA I KOU LOLE PULUPULU I 'ĀPANA A I 'OLE NĀ 'ĀPANA 'EHĀ O NĀ 'ANO NUI LIKE 'OLE, MA MULI O KĀU MAKEMAKE A ME NĀ IPU ĀU E MANA'O AI E UHI.

2. E HO'OMA'AMA'A MUA I KĀU UMU I 200 ˚ F (93 ˚ C) A KAU I KAHI PEPA BAKENA ME KA PEPA 'ILI.

3. E KAU I HO'OKAHI 'ĀPANA LOLE MA LUNA O KA PEPA BAKENA.

4. E KĀPĪPĪ I KA NUI O KA BEESWAX PELLETS A I 'OLE GRATED BEESWAX MA LUNA O KA LOLE. INĀ MAKEMAKE 'IA, HIKI IĀ 'OE KE HO'OHUI I KAHI LI'ILI'I LI'ILI'I O KA RESIN PAINA NO KA HO'OPILI HOU A ME KA AILA JOJOBA A I 'OLE KA AILA NIU NO KA MA'ALAHI.

5. E KAU I KAHI 'ĀPANA PEPA 'Ē A'E MA LUNA O KA LOLE A ME KA BEESWAX E HANA AI I KAHI SANWITI.

6. E KAU I KA PEPA BAKENA I LOKO O KA UMU WELA MUA A E HO'OHEHE'E I KA BEESWAX MA LUNA O KA LOLE. PONO KĒIA MA KAHI O 5-10 MAU MINUKE, MA MULI O KA MĀNOANOA O KA LOLE A ME KA NUI O KA BEESWAX I HO'OHANA 'IA.

7. WEHE AKAHELE I KA PEPA BAKENA MAI KA UMU KE HEHEE LOA KA BEESWAX. E HO'OHANA I KA PULU PENA A I 'OLE KA SPATULA E HOHOLA PONO I KA BEESWAX I HO'OHEHE'E 'IA MA LUNA O KA LOLE, E MĀLAMA PONO ANA I KA UHI 'IA KĒLĀ ME KĒIA 'ĪNIHA.

8. E HO'OKI'EKI'E I KA PAPA LUNA O KA PEPA PEPA A NĀNĀ INĀ HE MAU WAHI MALO'O MA KA LOLE. INĀ PĒLĀ, E KĀPĪPĪ I KA LI'ILI'I LI'ILI'I MA LUNA O KĒLĀ MAU WAHI A HO'IHO'I I KA PEPA BAKENA I KA UMU NO KEKAHI MAU MINUKE A HIKI I KA HO'OHEHE'E 'ANA.

9. KE UHI LIKE 'IA KA LOLE ME KA BEESWAX, E HO'OKAHE AKAHELE IA MAI KA PEPA PEPA A KAU MA KA LOLE LOLE A I 'OLE KA LOLE MALO'O E MA'ALILI A PAAKIKI.

10. E HANA HOU I KE KA'INA HANA ME NĀ 'ĀPANA LOLE I KOE A HIKI I KA WĀ E HANA AI 'OE I NĀ WĪWĪ BEESWAX E LIKE ME KOU MAKEMAKE.

11. MA HOPE O KA MA'ALILI A ME KA PA'AKIKĪ, UA MĀKAUKAU KĀU MAU MEA'AI PIPI DIY E HO'OHANA! E HO'OHANA WALE I KA MEHANA O KOU MAU LIMA E HO'OHEHE'E I NĀ 'ŌWILI A PUNI NĀ IPU MEA'AI, NĀ KĪ'AHA, A I 'OLE MA LUNA PONO O NĀ MEA'AI E HANA AI I SILA. E HO'OPILI KA BEESWAX IĀ IA IHO A PA'A I KONA 'ANO, E HANA ANA I KAHI 'OKO'A KŪLOHELOHE I KA PA'I PLASTIK I HIKI KE HO'OHANA HOU 'IA A PILI I KA KAIAOLA.

E LE'ALE'A I KA HO'OHANA 'ANA I KĀU 'ŌPALA BEESWAX HOMEMADE E MĀLAMA I KĀU MEA'AI HOU A HŌ'EMI I KĀU 'ŌPALA PALAKA!

Books By Schaaf

www.BookBySchaaf.com

Find us at:

www.ingramcontent.com/pod-product-compliance
Lightning Source LLC
Chambersburg PA
CBHW080259180726
47999CB00018B/2707